Ernst Woll

Nackter Beginn

und weitere Gedichte

2015
Herstellung und Verlag: Books on Demand GmbH,
Norderstedt ISBN 9783734769382

Inhalt

Nackter Beginn

Geboren wirst du nackt,
dann beginnt das Leben im Takt;
wirst am Ende du in den Sarg gelegt
man dich meist gut anzuziehen pflegt.

Man sieht Menschen im Leben
nach viel Geld und Güter streben.
Doch so, wie sie ohne Geld geboren,
haben sie es nach dem Tod wieder verloren.

Fällt jemand in ein reiches Nest
sein Leben sich leichter meistern lässt.
Von Anfang an spürt aber der Arme:
Er braucht zum Leben starke Arme.

Reichtum ist für viele ein Ziel,
um dies zu erreichen riskieren sie viel.
Man fragt oft an ihrem Grabe dann:
Haben sie genügend für ihr Glück getan?

Im Leben gibt es Schatten und Licht
und du stirbst, ob du reich bist oder nicht.

Alkohol gut und böse

Alkohol als Arznei
gut für den Kreislauf sei.
Wer ihn zu oft in Massen genossen
landet häufig in der Gossen.

Alkoholiker sind krank

Dass Alkoholiker kranke Menschen sind
allmählich in unser Bewusstsein dringt,
auch ich wollte dies lange nicht wahrhaben
bis mir Erlebnisse Gewissheit gaben.

Für einen Mann, etwa 40 Jahre alt,
Droge Alkohol als unverzichtbar galt.
Seine Umgebung sollte nichts merken.
Er verstand, wie alle, alles zu verbergen.

Im Büro an seinem Arbeitsplatz
war Bier sein ständiger Essensersatz,
als er aber stark abzunehmen begann
stand ein Arztbesuch unbedingt an.

Der Mediziner fand schnell den Grund
in einem außergewöhnlichem Befund:
In der Speisröhre steckte ein Kronenverschluss,
den er beim Trinken verschluckt haben muss.

Schon einige Wochen hatte sich verborgen
in der Speiseröhre der Kronenkorken;
der ließ nur noch Flüssigkeit passieren
und der Patient musste an Gewicht verlieren.

Damit wurde auch mir eindeutig klar,
dass der Mann ein kranker Alkoholiker war.
„Der Trinker", ein Film, in dem man sieht
was mit diesen kranken Menschen geschieht.

Autobiografisches

Ich gesteh es heute ehrlich,
ich war als Kind cholerisch;
häufig hatte ich meine Not
zu akzeptieren ein Verbot.
Gegenüber Spielgefährten
konnte ich oft wütend werden.

Ich habe dieses überwunden
und eine Methode gefunden
durch die, ganz einfach erklärlich,
bin ich nicht mehr so hysterisch.
Sie heilt mich schon seit 70 Jahren,
von der Oma habe ich sie erfahren.

Will man mich seither provozieren,
meine Gegenüber meist verlieren,
sie können es oft nicht fassen:
Ich bleibe ruhig und gelassen,
denn ich zähle im Stillen bis zehn
und die Wutattacken vergehen.

Außenseiter im Fußball

Man schnell die Sympathie verliert,
wenn man sich wenig für Fußball interessiert.
Ich gelte als ein solcher Exot
dem sehr schnell die Ausgrenzung droht,
wenn er in Tagen der Weltmeisterschaft
sich auch andere Abwechslung verschafft.

Im Fußballrausch wird oft eingebüßt ein klarer
Blick;
das nutzen raffiniert die Werbung und die Politik.
Man wirbt geschickt, bietet unnütze Dinge an,
die später niemand mehr gebrauchen kann.
Parlamente arbeiten überall mit großer Hast,
bisher zurück gestellte Gesetze werden nun gefasst.

An die Fußballfans habe ich eine Bitte:
Akzeptiert die Minderheit in Eurer Mitte,
die nicht in Eure Begeisterung einstimmt
und Fußball als normalen Sport hinnimmt.
Ihr Fans, eure Mehrheit findet meine Akzeptanz,
ich verstehe eure Leidenschaft voll und ganz,
wenn ihr nicht zerstört mit bloßem Übermut
häufig Nichtbeteiligter Hab und Gut.

Bauchgefühl

Fast jeder hat für seine unvernünftige Ernährung
oftmals eine entschuldigende Erklärung.
Vernünftige lassen sich aber nicht betören,
weil sie meistens auf ihr Bauchgefühl hören.

Bauer als Vegetarier

Tiere wahrhaftig schützen,
eigener Gesundheit nützen,
und vegetarisch leben
war eines Bauern Bestreben.
Seinen Nutztieren bot er dazu an,
dass jedes natürlich sterben kann.

Einige Menschen aber protestieren
gegen diesen Umgang mit den Tieren.
Sie fragen: „Warum hat er eigentlich
sie angeschafft, gehalten, gepflegt,
ihrer Vermehrung zugestimmt,
nun von ihrer Nutzung Abstand nimmt?"

Könnten wir die Tiere fragen,
auch sie würden sich beklagen.
Der Domestikationsnutzen wäre weg,
Haustierhaltung hätte keinen Zweck.
Nur Evolution, die kann es bringen,
damit könnte unser Fleischverzicht gelingen.

Was die Fleischindustrie erfreute:
Der skurrile Bauer ging bald pleite!
Doch Vegetarier bleibt bei der Stange,
Entwicklungsprozesse dauern lange!

Bauernschläue

„Junge Hühner, alte Kühe
belohnen des Bauern Mühe;"
ein Spruch der merklich stützt,
wie schlaues Handeln immer nützt.
Legt das alte Huhn fast kein Ei
ist es mit seinem Leben fix vorbei;
doch kann es von Kühen mit langem Leben
viel Milch und viele Kälber geben.

Dazu gehört zur Bauernschläue:
Man hält auch wertvolle Säue
und deren Ferkel dann zu mästen
ist für einen satten Gewinn am Besten.
Einige Bauern haben für Bio sich entschieden,
um gesunde Lebensmittel anzubieten.

Doch ehrliche Biobauern verlieren
gegenüber denen, die Massen produzieren,
dabei von traditionellen Methoden weggehen
und nur auf Profit und Vorteile sehen.
Bauernschläue verliert hier ihre Kraft,
die mit Findigkeit sonst vieles schafft.

Beamtentum

In dir keimt meistens Frust,
wenn du ein Amt aufsuchen musst.
Triffst du aber einen Beamten dort an,
der sofort dein Anliegen klären kann,
dann bist du manchmal auch betrübt,
gedanklich hattest du dich in Streit geübt.

Es nützt nichts, du musst es einsehen
und freundlich mit Beamten umgehen,
es dient dir, du kannst Ärger vermeiden,
sie sind die Stärkeren in allen Zeiten.
Du gewinnst, kannst du nett ihnen sagen:
„Ihre Unfreundlichkeit will ich nicht beklagen."

Oft privatisiert man Amtliches heute.
Man denkt, man braucht dann weniger Leute.
Für die Bürger ist das deshalb nicht gut,
es fehlt der Beamte, das Ziel ihre Wut!
Es heißt, dass Beamte immer notwendig waren!
Wären aber ohne sie etwa Steuern zu sparen?

Hört man den Amtsschimmel wiehern,
kann man schnell die Geduld verlieren,
doch die Quintessenz aus diesem Gedicht:
Behalte immer dein heiteres Gesicht,
und wende dich beharrlich gegen Bürokratie,
sie wütet heute so schlimm wie noch nie.

Bienen - Sterben?

Ist es wirklich heutzutage wahr?
Bienen sind auf der Welt in Gefahr?
Müssen wir Bienenhonig vergessen?
Können nur noch Kunsthonige essen?

Das sind tatsächlich keine Flunkereien,
in einigen Gegenden trat das schon ein.
Bestäubt wurden dort auch keine Blüten mehr,
verschwunden war das fleißige Bienenheer.

Darum kann ich es absolut nicht verstehen
warum Politiker das vielleicht nicht sehen.
Wie möglicherweise überall Bienen aussterben,
wo sind Aktionen gegen dieses Verderben?

Von Medien gibt es hierzu mehrere Berichte,
vermutlich dabei die und jene Horrorgeschichte.
Würde es aber künftig keine Bienen mehr geben
wäre ähnliches wie bei Klimakatastrophen zu
erleben.

Es wäre falsch, wenn man überall Ängste schürt.
Die Bevölkerung wird ungenügend informiert
auch über Maßnahmen, die vielleicht schon
eingeleitet.

Warum wird hierüber ein Mantel des Schweigens
gebreitet?

Erschütternd wäre, hätte man bisher zu wenig
gemacht,
möglicherweise an Selbstheilung der Natur
gedacht,
dann fühlte ich mich sehr verraten von der Politik,
die ja manchmal Probleme verdrängt mit viel
Geschick.

Bleigießen

Kennt ihr ihn auch
diesen uralten Brauch?
In der Sylvesternacht
wird Wahrsagerei gemacht,
indem man Blei gießt
und die Zukunft abliest.

Dazu schon immer galten
Anleitungen, die einzuhalten:
Für die Durchführung bleibt nur
die Zeit von Null= bis Einuhr,
das ist, wie in aller Munde,
die so genannte Geisterstunde.

Wichtig ist ein geerbter Schlüssel.
Blei fließt in die Wasserschüssel.
Die Gussgebilde die entstehen
müssen dann Kundige ansehen,
von ihnen wird auch gedeutet,
was das Entstandene bedeutet.

Vermarktet wird die Tradition
jetzt auch schon bei „Amazon".
So kann man ein „Bleigießset"
sogar bestellen über´s Internet.
Könnte es damit auch passieren,
regionales Brauchtum zu verlieren?

Die Bubikopffrisur

Es ist nun fast 80 Jahre her,
da wurmte es mich gar sehr,
ich empfand meine Mutter stur
denn ich bekam eine Bubikopffrisur.
Wie ein Mädchen auszusehen
war für mich 4jährigen nicht einzusehen.

Ansonsten war ich ein folgsamer Junge,
ich streckte auch selten raus die Zunge.
Nur wenn mir unsere Besucher nicht behagten,
weil sie über meinen Kopf strichen und sagten:
„Du hast ein Mädchenhaar schön lockig!"
Dann wurde ich immer richtig bockig.

Als ich dann 16 Jahre alt war
war mein Stolz mein lockiges Haar,
ging aber dann auch in der Mode mit,
hatte einen kurzen Scheitelhaarschnitt.
Mädchen verfassten zur Abifeier ein Gedicht,
komisch: Darüber ärgerte ich mich nicht.

„Du hast auf deiner weichen Birn´
eine Schmachtlocke, wie eine Dirn,
diese pflegst du mit großem Fleiß,
deine Mühe verdient einen Ehrenpreis."
So ist es in wenigen Jahren gelungen
gänzlich zu ändern meine Betrachtungen.

Das faule Ei

Nach 3 Wochen Sommerurlaubszeit
jeder sich wieder auf zu hause freut.
Bei der Rückkehr in das eigene Heim
brauchten keine Befürchtungen zu sein,
man hatte ja bei der Abfahrt alles bedacht,
das Haus gesichert, Unrat entsorgt
und alles nochmals sauber gemacht.

Bei dieser Ankunft, als die Nachbarin
unsere Bekannten bestürzt empfing,
war man in großer Not, sie rief:
„Wir haben die Polizei informiert,
in ihren Räumen ist bestimmt
was passiert. Es stinkt ohne gleichen
grad wie verwesende Leichen."

Die Polizisten treffen bald ein,
gehen sichernd ins Haus hinein;
Entwarnung geben sie schnell.
Sie finden das stinkende Übel:
Den nicht entleerten Abfallkübel!
Ein verdorbenes Ei befand sich darin,
das faulte 3 Wochen so vor sich hin.

Gebraucht wurde keine Polizei,
Schädlingsbekämpfung musste herbei.
Gefahrvoll wurden die vielen Fliegen.
Die galt es und den Gestank zu besiegen.
Danach zog die Familie wieder ein.
Doch ein Streitpunkt blieb für immer:
Wer vergaß einst den Abfall im Zimmer?

Der Friedenskuss

Mann und Frau, die sind nun bald
er 84 und sie 83 Jahre alt.
Sie waren in ihren 63 Ehejahren jederzeit
nach einem Streit zur Versöhnung bereit.

Jetzt aber scheint, was ungewöhnlich,
sie zeigen sich zuweilen fast unversöhnlich,
wenn es um Verschwundenes oft geht
und dabei keiner mehr ´nen Spaß versteht.

Früher hatte man sich gern geneckt.
Fragte nett: „Wo hast du das versteckt?"
Heute er, stets mit finsterem Gesicht:
„Dies und jenes find ich wieder nicht.

Du hast eine richtige Aufräummanie,
was du wegräumst findet man nie".
Ganz unfreundlich ranzt er sie so an,
worauf sie heut´ nicht mehr ruhig sein kann.

Früher begann man gemeinsam zu suchen,
heute beginnt ein gemeinsames Fluchen.
Nach dem „Funderfolg" gab es früher einen Kuss,
wogegen heute sich jeder erst abregen muss.

Im Stillen zählt er dann oft bis zehn,
nur dadurch kann sein Ärger vergehen.
Gemeinsam beschließen sie aber immerfort:
Alles bleibt immer am althergebrachten Ort.

Der Friedenskuss bleibt aber weiter das Ziel
und dadurch auch die langjährige Ehe stabil.

Der Letzte

Interessant schon immer waren
erste Klassentreffen nach 25 Jahren,
der einstige Freund wird nicht erkannt
und Elsbeth wird Elfriede genannt.

Einstimmig ist man deshalb sofort bereit
sich alle 5 Jahre zu treffen in der Folgezeit.
Als die über 80jährigen zum Treffen kommen
hat die Teilnehmerzahl stark abgenommen.

Ein 100jähriger sitzt dann in einem Restaurant:
Seine Feier hatte er als Klassentreffen benannt.
Er feiert allein, Trauer stellt sich dabei ein,
das Schlimmste im Alter ist, alleine zu sein.

Der Sozialist

Hat man es vergessen?
Wer ist Sozialist?
Einer der teilt oder verteilt?
Heute tut er beides nicht mehr,
dafür denkt jeder an sich selbst zu sehr.

Dicke Gesunde?

Wenn viel Körperfett im Bauch
sieht man das von außen auch.
Ist aber diese ausgeprägte Rundheit
allein Indiz für instabile Gesundheit?
Nein, denn es werden Vorräte angelegt,
die der Körper in der Not zu nutzen pflegt.

Diese ganz einfache Erklärung -
ergänzt mit Fragen zur Ernährung
und Tipps zu gebührender Bewegung -
führt heute zu ganz neuer Überlegung:
Auch Dicke können allezeit länger leben,
wenn es durch ihre Veranlagung gegeben.

Wir sollten uns deshalb wieder erbauen
an beleibten Männern und molligen Frauen;
in Fitnessstudios nicht nur darauf orientieren:
Wie können wir unbedingt Pfunde verlieren?
sondern bestrebt sein, Muskelkraft dort aufzubauen
und dabei nicht nur nach dürren Vorbildern
schauen.

Die Not mit Hundekot

Schlimm wäre es in Dörfern und Städten,
wenn Menschen keine Toiletten hätten.
es wäre darum ein großer Fortschritt,
gäbe es für Hunde auch einen Abtritt
zu dem man sie führte beim Spazierengehen,
weniger Frust gegenüber Hunden würde entstehen.

Richtig, es gehört zu den wichtigen Verboten,
dass Hunde nicht auf Spielplätzen koten.
Geschieht es aber, manch Hundebesitzer darauf
baut:
Hoffentlich hat in diesem Falle niemand
zugeschaut!
Oft denkt er, er hatte Glück und bleibt unbesorgt,
wenn er den Hundekot dann nicht einmal entsorgt.

Und die Quintessenz, die spüren wir alle:
Hundekot ist eine heimtückische Falle;
wir treten häufig hinein mit Entsetzen
in Parks, auf Wiesen, Wegen und Plätzen.
Die Schuld ist nicht Tieren zu zuschreiben,
Tierbesitzer müssen verantwortlich bleiben.

Doping bei Tieren

Doping gibt es nicht nur im Sport,
man findet es heute an jedem Ort
an dem wir höchste Leistungen verlangen
und Betrüger selten um die Folgen bangen.
Es werden nicht nur Drogen angewandt.
Inzwischen sind weitere Methoden bekannt,
mit denen man natürliches Leistungspotential
bei Lebewesen steigert bis zu deren Qual.

Menschen können Doping ablehnen,
sie gehören dann aber oft zu jenen
die im Wettbewerb unterlegen bleiben,
die Lügner sich aber die Hände reiben.
Jedoch haben Menschen stets freie Wahl
die dagegen fehlt Haustieren allemal.
Werden bei ihnen Dopingmittel eingesetzt,
sind außerdem ethische Prinzipien verletzt.

Gewissenlos ist es, wenn bei Pferden
verbotene Wirkstoffe eingesetzt werden
um Turnierleistungen zu demonstrieren,
die völlig die Natürlichkeit verlieren.
Die Tiere selbst können sich nicht wehren;
verlassen wir deshalb das unlautere Begehren
nach immer höheren Leistungen zu streben,
denn es ist besser, uns bescheidener zu geben.

Verwerflich ist auch das Bemühen
das man beobachtet im Umgang mit Kühen.
Mit Milchleistungen, die man abverlangt
ist man heute an die Grenzen gelangt,
die nicht mehr zu verantworten sind
weil die Tiergesundheit Schaden nimmt.
Ähnliche Beispiele gibt es zuhauf.
Hören wir deshalb generell mit Doping auf.

Echte Vegetarier?

Wenn Menschen kein Fleisch mehr essen
findet das Zustimmung aber Ablehnung auch.
Dabei sollten wir indessen nicht vergessen,
Fleisch zu essen ist ein alter Brauch.

Gegenwärtig wurde viel Neues bekannt:
Zu süß, sauer, salzig, bitter wurde obendrein
nunmehr ein 5. Geschmackssinn benannt:
Fleischgeschmack Umami, er soll herzhaft sein.

Müssen Vegetarier nun auch darauf verzichten?
Mitnichten, viele Aromen gibt es heutzutage
und die Chemie wird dabei fast alles richten.
Ist das aber immer gesund? Das ist hier die Frage.

Vegetarismus ist deshalb erst vollendet
wenn man auch dem Fleischgeschmack entsagt,
sich gesundem Essen vollkommen zuwendet
und nicht immer nach einem Genuss nur fragt.

Ein Brauch bringt es auch

Über Rätselhaftes, das früher wichtig,
lacht man heute oft ganz tüchtig.
Das Tun von unergründlichen Mächten
zeigte Magisches in den Unternächten.

Dazu gab und gibt es viele Riten,
die manches erlauben, anderes verbieten,
auch den Blick in die Zukunft gewähren
und hierzu notwendiges Handeln erklären.

Ich könnte viele solcher Bräuche aufzählen,
will aber nur einen hier auswählen,
der zwei Menschen zusammenbrachte
und sie auf Dauer glücklich machte.

Der Großknecht Otto war stark verliebt
in die Jungmagd, die sich unnahbar stets gibt.
Er sieht sie in den Unternächten „Ofenhorchen",
und weiß, sie wird einem Orakelspruch gehorchen.

Der große Ofen reicht von der Küche zur Stube,
in einen der Räume versteckt sich der Bube.
Er erkennt, sie geht in das andere Zimmer
und hat vom Lauschposten keinen Schimmer.

Es ist am Heiligabend um Mitternacht,
lauschend hat sie ihre Ohren aufgemacht
und fragt in den großen Ofen hinein:
„Sag mir, wer soll mein Bräutigam sein?"

Otto, der im anderen Raum schon wartet,
nun seinen gelernten Spruch gleich startet.
Das Mädchen erschrickt gar sehr,
denn mit verstellter Stimme verkündet er:

„Ach du mein lieber, großer Gott,
nimm den guten Großknecht Ott,
denn er ist ein rechter Knecht,
wenn du ihn nimmst, dann tust du recht."

Als sie sich vom Schrecken erholt
weiß sie, das hat sie auch gewollt.
Beide werden schon ab nächstem Jahr
fortan ein glückliches Ehepaar.

12 Nächte, um den Jahreswechsel und Weihnachten
sind üblicherweise als Unternächte zu betrachten
Mit welchem Trick Otto zu seiner Frau gekommen,
hat er vor ihr verborgen mit ins Grab genommen

Ein und aus

Wisst ihr es noch ihr Alten?
Früher funktionierte das Schalten
mit Hebeln, Griffen und mechanisch,
bei Havarien reagierte man meist panisch.

Mit Elektronik steuert man heute,
braucht zum Bedienen weniger Leute,
doch Menschen auch den „Kopf verlieren"
wenn die Schaltrelais nicht funktionieren.

Früher hat dann starke Muskelkraft
notwendiges Ausschalten noch geschafft,
heute müssen dann aber Spezialisten her,
allein drücken, drehen, klappt nicht mehr.

Eine wahre Tiergeschichte

In der DDR - Zeit, das ist wahr,
war Wildfleisch fortgesetzt sehr rar.
Darum sollte es nun gelingen,
man wollte die Natur bezwingen:
Haus- und Wildschweine paaren,
weil die ja auch Verwandte waren.

Ein Keiler wurde lebend gefangen.
Neues wollte man mit ihm anfangen,
denn er erhielt als auserwählte Frau
eine reinrassige Sattelschwein-Sau.
Es gelang, eine LPG auszusuchen
und dort zu beginnen mit Versuchen.

Die Paarung und Geburt waren gelungen,
im Stall gehalten wurden nun die Jungen,
in ihrem Verhalten und ihrem Aussehen
sah man sie nach Frischlingen gehen:
Sie zeigten Streifen, wilde Musterungen,
sogar 2m Wände haben sie übersprungen.

Sie erhielten echtes Wildschweinfutter
und man glaubte, es sei alles in Butter.
Die Schweine wuchsen schnell heran,
eine überschwängliche Planung begann;
man sah Engpässe beseitigt nun schon
mit dieser neuen Wildfleischproduktion.

Man meinte sogar: Vielleicht ließen
sich die Produkte exportieren für Devisen?
Doch dann kam der ganz große Knall:
Das Fleisch der Tiere, die gehalten im Stall,
schmeckte nicht wie ganz echtes Wild
für das die besondere Geschmacksnote gilt.

Es konnte deshalb nicht anders sein,
die LPG stellte die Produktion wieder ein.
Wildfleisch blieb für weitere Jahre
in der DDR stets eine Mangelware.

Erinnerung und Mahnung

Ich erlebte als Kind den 2. Weltkrieg.
Im April 1945 war es vorbei mit Sieg.
Vom Untergang waren dann alle betroffen,
doch die Menschen begannen zu hoffen.
Die heute in Deutschland entscheiden
kennen keinen Krieg, sollten aber vermeiden,
auf Konfliktlösungen mit Waffen zu setzen
und die Kriegsleiden zu unterschätzen.
Politiker, Mächtige, Fanatiker lasst es sein,
stellt das Rasseln mit Worten und Säbeln ein!

Waffenlieferungen in einen Kriegsbereich
kommt einem Völkermord fast gleich.
Man weiß nie ob und wie das Kriegsgerät
ebenso in verbrecherische Hände gerät.
Heute sehen wir durch Kriegsflüchtlinge klar,
wie es vor 70 Jahren in Deutschland war,
daran sollten wir bei ihrer Aufnahme denken
und alle Kraft auf Kriegsverhinderung lenken.
Leere Wünsche bleiben das leider dann,
wenn man den Egoismus nicht zügeln kann.

Familienzusammenhalt?

„Früher war alles besser",
hört man Alte sehr oft sagen,
das ist freilich zu hinterfragen.
Beachten muss man dabei schon
Ereignisse, Erfahrungen, Auslegungen,
verbunden mit der jeweiligen Situation.

Als Beispiel sei hier genannt
das Auslaufmodell Familienverband,
der früher oftmals denjenigen ausstieß,
der sich bei unglücklicher Ehe scheiden ließ.
Wenn Töchter gar uneheliche Kinder bekamen,
entehrten sie damit sogar den Familiennamen.

Dies war also die bessere alte Zeit,
das gut zu heißen ist man heute nicht bereit,
wer noch auf Familienzusammenhalt schwört
deshalb bei der Jugend zu Außenseitern gehört.
Trotzdem sollte man hin und wieder nachdenken
und auch Bemühungen auf intakte Familien lenken.

Fortpflanzungshormone

Viele Hormone wirken bei Mensch und Tieren
gleich,
das verlangt Bedacht bei jedem
Anwendungsbereich.
Beim Einsatz zur Fortpflanzungssteuerung bei
Tieren
darf man darum Gefahren nicht aus dem Auge
verlieren.

Wenn so Hormonwirkstoffe in Fleischprodukte
geraten
nehmen wir sie auch mit auf im schmackhaften
Braten.
Mit diesen Stoffen, das ist nicht nur theoretisch
gedacht,
wird dann die Fortpflanzungsbiologie
durcheinandergebracht.

Nachdrücklich ist deshalb nach Auskunft zu rufen,

ob Wissenschaft und Politik die Situation richtig
einstufen.
Können wir uns mit heutigem Wissensstand
begnügen?
Und ob gegenwärtig die Kontrollen auch wirklich
genügen?

Fressen und gefressen werden

Fressen und gefressen werden
ist in der Tierwelt so bestimmt,
schon immer war es so auf Erden:
Die Natur die gibt und nimmt.

Tiere töten nur, um selbst zu überleben,
Menschen schlachten Tiere noch dazu,
weil sie dabei auch nach Reichtum streben
gilt selbst Leben ihnen selten als Tabu.

Vegetarier wollen dies jetzt wandeln,
noch erreichen sie jedoch nicht viel.
Vieler Menschen egoistisches Handeln
ist Gift für das von ihnen angepeilte Ziel.

Physiologisch ist aber dazu auch bekannt:
Völlig auf Fleischnahrung verzichten
ist für manche Menschen auch riskant,
Evolution müsste dazu noch einiges richten!

Tiere nur in dem Umfange zu töten,
der reicht, um ausgewogen zu ernähren,
ist natürlich und heute schon von Nöten,
heißt außerdem Ressourcenschutz gewähren.

Gedanken über Esel

Es ist bekannt:
Dumme werden oft Esel genannt.
Mit Eselsbrücken jedoch
füllt mancher ein Gedächtnisloch.
Jeder dazu auch weiß:
Tanzt der Esel auf dem Eis
soll das Übermut oft zeigen,
wozu Menschen häufig neigen.

Man kennt das Eselsohr,
es kommt in Büchern vor:
Eine Seitenecke wird umgeknickt
und man markiert damit geschickt.
Zeigt jemand Eselsgeduld
ist die Sturheit dann meist schuld;
doch Menschen mit diesem Wesen
sind schon immer unbeliebt gewesen.

Muss der Esel Lasten tragen
kann man Packesel dann auch sagen.
Es gehört zu der Menschen und mancher Tiere
Stil,
sie werfen dann ab, wird ihnen die Bürde zu
viel.
Der Kluge es deshalb als Unsinn empfindet,
wenn man Esel mit dem Urteil dumm verbindet!

Gestank, Klo und Demenz

Der Schwarzmaler rümpft die Nase
und sagt:
„Menschlicher Stuhl der stinkt gar sehr!"
Der Optimist erwidert gleich:
„Aber Katzenkot noch mehr."
Exkrementengestank ist widerlich,
ins Gewebe und Polster verkriecht er sich.
Wer deshalb beides in der Wohnung
schon gefunden
brauchte zur Lüftung mehrere Stunden.
Darum gewöhne Katzen an ein Klo
und für die Erziehung kleiner Kinder
gilt das ebenso.

Doch ist manchem schwer Demenzkranken
auch schon passiert,
dass er seinen Stuhl an unpassender
Stelle verliert,
dann werdet nicht wütend, sondern
denkt immer daran,
dass dieser Mensch sich an vieles, auch ans
Klo, nicht mehr erinnern kann.

Gesundheit und Glück

Eine Befürchtung, ein Unglück auf der Welt:
Verloren gehen könnte das ersparte Geld.
Steht das aber wirklich an erster Stelle?
Betroffen sind Ungebildete und auch Helle.
Alte, Kranke, Mittellose trifft das meist sehr,
unehrlich reich gewordene jammern aber mehr.

Oft verbunden mit vielen herzlichen Grüßen
wird gewünscht, die Gesundheit nicht einzubüßen.
Treffen aber Krankheiten alle Menschen gleich?
Ja, krank kann jeder werden, ob arm oder reich,
doch die Heilungschancen sind besser dann,
wenn man sich gute Behandlungen leisten kann.

Kann man deshalb Gesundheit auch fordern?
Nein, sie lässt sich nicht wie Ware beordern,
aber sie bleibt für Menschen höchstes Gut,
nach ihr zu leben tut einem jeden immer gut.
Mit schwerer Krankheit darf niemand scherzen;
verlorenes Geld dagegen ist zu verschmerzen.

Besinnen wir uns deshalb immer darauf zurück
Gesundheit steht an erster Stelle für das Glück.

Gibt es das in den USA?

Was ich kürzlich in einer Reportage sah,
stammte tatsächlich aus den USA.
Ich denke, dass kann doch gar nicht sein,
so etwas fällt nur Russen und Chinesen ein,
die treten Menschenrechte mit Füßen,
das müssen dort viele Menschen büßen.
Ich dachte: Menschenwürdeverletzung gibt es nie
in einem Land der Freiheit und Demokratie.

Es ging um 70 000 Gefangene in Einzelhaft,
für die hat man dort Bedingungen geschafft
nach denen viele fast den Verstand verlieren,
weil sich die Haftanstalten nicht genieren
sie ohne Gnade völlig isoliert einzuschließen.

Täglich können sie nur 1 Stunde frische Luft
genießen.
Sie dürfen nicht lesen, gar nichts tun oder machen,
ihre Delikte waren zuweilen sogar nur banale
Sachen.

Sind Veränderungsbeteuerungen ehrlich?
Wer die Reportage sah, glaubt das nur schwerlich!

Sendung: 3-Sat, Auslandsjournal extra, 14.11.2014.

Gutes und böses Wasser

Auf der Erde gäbe es kein Leben
würde es kein Wasser geben.
Die, die an der Quelle sitzen
können dieses Nass verspritzen,
sich mit allem stets versorgen,
sich Geld und Güter borgen
weil sie Beziehungen besitzen,
die oft nur gut Platzierten nützen.

Darum gibt es um den besten Platz
auf unserem Planeten eine Hatz,
Jeder will an die besten Stellen,
an Wasser und an reiche Quellen,
die sich auch zusätzlich noch lohnen,
sie bringen ansehnliche Positionen.
Sprudelnde Quellen heiß und kalt,
beim Aneignen gibt es keinen Halt.

Aber Wasser, merkt euch das,
ist nicht nur ein köstlich Nass;
wenn es über die Ufer tritt
reißt es oft auch alle Habe mit.
Trotzdem bauten Menschen jeher
Häuser nahe an Flüsse und Meer,
weil man sehr häufig vergisst,
dass Wasser gut aber unberechenbar ist.

All das ist bekannt schon allezeit.
Einen Gedanken hab ich aber noch bereit:
Sylvester fließt häufig in Massen
Alkohol mit dem Ruf: „Hoch die Tassen."
Am Neujahrstag kommen dann die Gedanken
bei unerträglichem körperlichen Schwanken:
Hätte ich gestern Wasser zu mir genommen
wäre ich heute bestimmt nicht so benommen!

Haustiere brauchen Klos

Wenn wir Menschen keine Toiletten hätten
wäre es katastrophal in Dörfern und Städten.
Ungerechterweise schimpfen wir mit den Tieren,
weil die oft überall ihre Exkremente verlieren.
Seit es aber Haustiere gibt auf dieser Welt
haben wir diese unter unsere Obhut gestellt;
dazu gehört auch die Entsorgung vom Kot,
die schon oft Anlass für Streitigkeiten bot.
Prinzipiell müsste man für Tiere „Örtchen"
einrichten,
dann würden diese nur dort ihre Notdurft
verrichten.
Eigenes Bedürfnis aller Tiere hierfür ist vorhanden,
wofür sie aber bisher zu wenig Unterstützung
fanden.

Katzen nehmen ihr eigenes Klo schnell an.
Sie zeigen sogar schamhaftes Verhalten dann,
wenn sie merken, dass ihnen Menschen zusehen
während sie zur Entleerung auf ihre Toiletten
gehen.
Auch von Schweinen, die ja oft dreckig genannt,
ist ein sehr reinliches Verhalten bekannt.
Wenn man diese Tier immer selbst gewähren lässt
legen sie eine spezielle Stelle, an der sie koten, fest.
Bei Vögeln, die häufig in Käfigen gehalten
beobachtet man auch ein spezielles Verhalten.

Nicht über den Käfigboden verteilen sie ihren Kot,
er gehört an eine bestimmte Stelle, das ist ihr
Gebot.

Man hat in der gesamten Tierwelt festgestellt,
dass auch Tieren ein „aufs Klogehen" gefällt.
Generell „Tierklos" für Haustiere einzurichten
gehört deshalb zu unseren Sorgfaltspflichten.

Heilkräuter

Meine Großmutter wusste viel
über Heilwirkungen der Kräuter
und sie gab mit hehrem Ziel
sehr gern ihr Wissen weiter.

Dass Tee von „Herzgespann"
Herzbeschwerden mildern kann,
habe ich so vor 75 Jahren
schon als Kind von ihr erfahren.

Den Namen fand ich eigenartig,
mit Phantasie zauberte ich jedoch
ein Bild, das wirklich ganz abartig:
Ein Herz aus Kuchen
und angespannte Ochsen mit Joch.

Jahrzehnte blieb das im Unterbewusstsein.
Als dann mein Herz zu stolpern begann,
da fiel mir dieses Phantasiebild wieder ein
und ich trank Tee von Herzgespann.

In der Apotheke kannte man das Kraut
unter den Namen *Leonurus cardiaca;*
ich habe auf seine Heilwirkung gebaut,
das Getränk ist bitter, aber der Erfolg ist da.

Moderne Medizin hat auch entdeckt,
dies ist im Internet nachzulesen,
der Wirkstoff, der in diesem Kraute steckt
ist schon immer gut für´s Herz gewesen.

Hunde sind keine Racker

Friedrich der Große beschimpfte als Racker
Soldaten, die flohen und nicht mehr wacker
ihr Leben in der Schlacht opfern wollten
und dem König keinen Gehorsam mehr zollten.

Aus Racker hat die Nachwelt Hunde gemacht
und damit diese Tierart in Verruf gebracht.
Von feigen Faulenzern zu sprechen bei Tieren
bedeutet, dass wir den Realitätssinn verlieren.

Wenn der König fragte: „Wollt ihr ewig leben?"
Hat er damit auch ein Zeichen gegeben,
wie Mächtige mit Mensch und Tier umgehen,
weil sie alles in der Welt nur egoistisch sehen.

Darum müssen wir uns allezeit zähmen,
und Tiernamen nie als Schimpfworte nehmen,
auch an unsere Abstammung sollten wir denken
und unseren Mitgeschöpfen Achtung schenken.

Ist Weihnachten für alle gleich?

Weihnachten, Lichterglanz,
eine duftende gebratene Gans,
dazu noch fröhliches Singen
und die Glocken erklingen.
Reichlich, besonders teuer
sind die Geschenke heuer,
jedoch die allermeisten
können sich das alles leisten.

Aber ist das auch wirklich so?
Sind zum Feste alle froh?
Die auf die Tafeln angewiesen
dies wohl auch lieber ließen,
doch das Geld, das nicht reicht,
macht ihr Leben nicht immer leicht.
Politik sollte nicht übersehen:
Daraus kann schnell Neid entstehen.

Kann man aber dagegen angehen?
Dazu ist als erstes einzusehen:
Nicht jeder ist gleich Kommunist
der für etwas mehr Gleichheit ist.
Würde vom übergroßen Einkommen
von vorn herein was weggenommen,
viele soziale Einrichtungen dann fänden
finanzielle Sicherung ohne Spenden.

Doch das friedliche Weihnachtsfest
mich auch an die Tiere denken lässt.
Mehr als sonst enden an diesen Festtagen
getötet und zubereitet in unserem Magen.
Wir sollten es uns deshalb eingestehen,
oft würde es auch mit weniger gehen.
Mehr Gleichheit hieße deshalb hier:
Achtet als Mitgeschöpf stets auch das Tier.

Karriereleiter

Hatte man in der DDR Westverwandte
von denen man sich nicht gern abwandte,
ging es auf der Karriereleiter
oft nach oben nicht mehr weiter.

Findige haben darum so eben
von Westverwandten angegeben,
dass man sich neuerdings uneins sei,
viele Gründe zauberte man herbei.

Dann galt es mit Tricks zu probieren,
Verbindungen doch nicht zu verlieren;
verlässliche Vertraute mussten herhalten,
um Nachrichtenaustausch zu gestalten.

Will man aber in der BRD Karriere machen
hindern nicht solche politischen Sachen,
Beziehungen sind es, die hier nützen
einen stetigen Aufstieg zu unterstützen.

Ob in einer Demokratie oder Diktatur,
so mancher Abhängige schon häufig erfuhr:
Ich kann in der Karriere nur etwas erreichen,
stellen „Mächtige" für mich die Weichen.

.

Katz und Maus

Die erbarmungslose Katz´
fängt Mäuse mit der Tatz´;
mit ihnen spielt sie lange,
den Tieren wird ganz bange.

Kein frohes Fest

„Otto, der Tannenbaum brennt",
ruft die Ehefrau mit lauter Stimme;
weil er diesen Festbeginn kennt
denkt er noch nicht an das Schlimme,
das er nun im Zimmer vorfindet,
wo keine Kerze das Licht verbreitet
weil alles im Rauch verschwindet
und sich ein großes Feuer ausbreitet.

Bei diesem Beginn zum friedlichen Fest,
der jedes Jahr traditionell sein sollte,
er sich auf die Kranke trotzdem verlässt,
die allein die Kerzen anzünden wollte.
Er wusste von ihrer Demenzkrankheit,
wollte ihr diese Freude nicht versagen,
doch nun tat ihm alles schrecklich leid,
stets zu verbieten, ist nur schwer zu ertragen.

Doch es sollte jedoch immer so sein:
Lasst Demenzkranke niemals allein.

Leben eine Bühne

Sehr häufig merken Mann und Frau:
Das Leben ist wie eine Theaterschau,
bei der, erkenne ich heute retrospektiv,
geht beim Proben auch manches schief.

Wir glaubten 1946 zur Konfirmation
wir sind unabhängig und erwachsen schon.
Wir meinten, keine Erlaubnis zu brauchen
und könnten wie Männer Zigarren rauchen!
Unser Organismus war dieses nicht gewohnt,
wir wurden von Übelkeit nicht verschont.
Von Eltern wurde uns nachdrücklich beigebracht,
dass lange Hose nicht allein den Mann ausmacht.

Heute tragen auch Frauen vielfach Hosen,
früher konnten sich Männer darüber erbosen.
Viele Männerprivilegien gingen verloren,
„Gleichberechtigung" erklingt es heut in den
Ohren.
„Wilde Ehen" gab es früher selten oder nicht,
war ein Kind unterwegs, war heiraten Pflicht.
In der DDR war das Heiraten Notwendigkeit
für kürzere „Wohnungszuweisungswartezeit".

Die Politiker auf der Bühne gäben was drum
hätten sie immer nur zustimmendes Publikum.
Nur gut, dies kann hin und wieder auch wählen,
dann sollt es vorbei sein mit Märchenerzählen.

Mahnung: Tiergeschenke

Der Deutsche Tierschutzbund mahnt:
Wer eine Haustieranschaffung plant
muss die Frage klären: Welches Tier
passt am besten zu mir?
Darin ist als wichtigstes enthalten:
Wie lange will und kann ich es halten?
Jetzt naht die Weihnachtszeit
und viele Eltern sind bereit
nach langen Diskussionen einzulenken
und den Kindern doch ein Haustier zu schenken.
Ein wichtiger Rat ist dabei sehr notwendig:
Unsere Mitgeschöpfe, die ja lebendig,
darf man nicht als Sache betrachten
und sie entsorgen nach Weihnachten.
Darum ist immer wieder zu beklagen,
dass die meisten nicht danach fragen:
Könnten Kinder bei der Pflege von Tieren
vielleicht auch schnell die Lust verlieren?
Viele Haustiere, man ist immer entsetzt,
werden besonders im Januar ausgesetzt.
Machen wir es uns dieses Jahr zum Ziel
abzulösen mit „Keine" das bisherige „Viel".

Maus und Rostbratwurst

Eine Rostbratwurst und eine Maus
wohnten gemeinsam in einem Haus,
beim Kochen und bei Hausarbeiten
sah man sie sich niemals streiten.

Im Wechsel kochten sie das Essen.
Die Wurst war stets darauf besessen
allein am Herde zu hantieren,
um Wohlschmeckendes zu kreieren.

Die Maus, die gab sich alle Mühe,
doch von der Wurst war es die Brühe,
die schmeckte besser ohnegleichen,
das war von ihr nicht zu erreichen.

Drum hatte sie sich vorgenommen:
Sie musste hinter das Geheimnis kommen.
Heimlich sah sie was die Wurst hier tat,
in ihren Augen war das eine Heldentat.

Das konnte wahrlich fast nicht sein,
in das Kochende sprang die Wurst hinein!
Drehte, wirbelte, schüttelte sich
und hüpfte wieder auf den Tisch.

Seine Fähigkeiten beim Kochen der Speisen
wollte das Tier deshalb nun auch beweisen.
Beherzt und mit außerordentlichem Mut
sprang es ebenfalls in das kochende Gut.

Die Wurst, die vom Spaziergang kam
fand vor, was ihr fast den Atem nahm:
Auf der Suppe schwamm die tote Maus.
Für diese bedeutete die Courage das Aus.

Und diese Geschichte uns auch lehrt:
Was für die einen richtig, ist für andere oft
verkehrt.

Modernes Osterfest

„Immer wieder die gleiche Leier
über bemalte, bunte Ostereier",
hört man heute Kinder sagen,
die sich auch obendrein beklagen,
dass es zu diesem Fest nichts gibt
was zum Spielen hoch beliebt.

Was sich die Eltern da bloß denken,
nur Eier und Schokolade schenken?
Manch´ Kind deshalb gerne hätt´
ein Smartphon oder gar ein Tablet,
auch Computerspiele gehen an
wenn man Kämpfe imitieren kann.

Was macht der alte Urgroßvater
nur immer für ein groß´ Theater,
sich in absurden Geschichten verliert,
indem er Osterbräuche glorifiziert.
Wir Kinder von heute, wir denken
Osterhasen müssen Drohnen lenken.

Und das Fazit von dem Gedicht:
Das traditionelle Alte, das verblicht.

Muss das uns was angehen?

Wer durch Regen geht
wird nass.
Wer vor Schrecklichem steht
wird blass.
Wenn die Liebe vergeht
gibt es meist Hass.
Wer zu leben versteht
hat immer Spaß.
Wenn Magenschmerz entsteht
gab es vorher einen Fraß.
Was ist, wenn ihr aber nicht durchseht?
dann ist das nicht nur trübes Glas!
Und wem das dann alles nichts angeht
fällt in ein leeres Fass!

Opa soll ins Pflegeheim

Lange hatten die Kinder ganz geheim
für Opa ausgesucht ein Pflegeheim.
Der Demenzkranke merkte es nicht,
man führte ihn bisher hinters Licht.

Mit Tricks und allerlei Sachen
galt es dem Opa nun schmackhaft zu machen:
Sehr gut sei in einem Heim die Pflege,
weil dort alles in fachlichen Händen läge.

Sie besuchen ein Haus mit Park.
Opa sagt: „Das ist ja arg,
hier überall und ringsherum
laufen doch nur alte Kranke rum."

Was alle schon sehr lange plagt,
wird deutlich nun sofort gesagt:
„Auch du wirst nicht mehr gesunden,
wir haben für dich dieses Heim gefunden."

Da wird der alte Mann ganz stille,
unverkennbar sein Denken und Wille;
denn vermutlich ein lichter Moment,
weil er wahrscheinlich den Einschnitt erkennt.

Klar sagt er wie in alten Tagen:
„Da muss ich es wohl nun wagen,

meine Selbstbestimmung zu verlassen,
mein Haus lebend hinter mir zu lassen.

Gern wäre ich dort für immer eingeschlafen,
wo Freud und Leid zusammentrafen,
doch ich muss es nun auch einsehen
so kann es mit mir nicht weitergehen."

Im täglichen Leben bleibt zu hoffen,
dass Viele so deutlich und offen
ihrer Umgebung freiwillig vergeben
diese Einschnitte in selbstbestimmtes Leben.